這本感恩日記屬於

讓孩子用感恩的心創造幸福的每一天

給孩子的感恩日記

作者：林凡維 Jessie Lin Brown

插圖：林詠歡 Calin Joy Brown

文 / Jessie Lin Brown（林凡維）

旅居美國及新加坡 20 年，現定居於台灣台北。中國暨南大學語言學及應用語言學碩士畢業。曾在新加坡美國學校擔任小學對外漢語教師工作 10 年。

多年來致力於兒童世界公民素養教育，並多次榮獲國際文明禮儀培訓與推廣獎。深信感恩是所有美德的根源，父母若從小灌輸孩子對自己所擁有的一切及別人給予的關愛和幫助心存感激，將讓他們的人生充滿光彩和幸福。

主要著作：《現代家長必學的未來領袖養成計畫》

圖 / Calin Joy Brown (林詠歡)

出生於台灣，在美國和新加坡長大，目前定居於瑞
士日內瓦。美國約翰霍普金斯高等國際研究學院的
國際事務與經濟碩士畢業。從兩歲開始便對繪畫展
現無比熱愛，成長過程中也一直持續不斷地學習繪
畫。作品曾在新加坡獲選參加國際畫展，同時舉辦
過個人畫展。

序

> 感恩不僅是最偉大的美德，也是所有其他美德的根源。
> ──馬庫斯·西塞羅

感恩像一種神奇的維他命，能滋養我們的思想、身體和心靈。
經常練習感恩，將會為我們的生活帶來令人驚喜的改變。

《給孩子的感恩日記》是特別為 5 至 12 歲孩子設計的一本培養感恩態度的日記。孩子可以每週至少一次用圖畫或文字紀錄三件他們想感謝的人、事或物。每當記錄完 7 天的日記，會有一項非常有趣和有意義的感恩實踐活動給孩子完成。讓他們經由不斷地練習，把感恩內化為生活中不可或缺的好習慣。

給孩子的話:

你曾經想過假如生活中缺少了垃圾清運員、朋友的關心或水，你的生活將變得多麼不舒適、孤單，甚至無法存活嗎？然而，這些看似稀鬆平常，而實際上彌足珍貴的人事物，往往被視為理所當然。唯有當你失去這些常態後，才會驚覺其對生活的非凡意義。

寫感恩日記能讓你發掘日常生活所遇到各種人事物所蘊含的良善、正向和美好，為生活帶來意想不到的喜悅和樂趣。當你時時對自己所擁有的一切及別人給予的關懷和幫助心存感激，將會讓你的人生充滿光彩和幸福。

給父母的話:

　　寫感恩日記除了能幫孩子深入體驗生活中經歷的人事物所帶來的幸福感受，同時也提醒他們應該把生活中發生的所有美好事物，當成天上掉下來的禮物一般地珍惜和感恩。感恩的態度對孩子身心靈和生活上有很多正面的影響。研究指出，經常感恩的人有更強的免疫系統、更樂觀和快樂、更喜歡幫助別人，以及更好的人際關係。

　　寫感恩日記的目的不是寫日記本身，而是透過寫日記練習感恩，並進而養成感恩習慣。父母想要鼓勵孩子持續不斷地寫感恩日記，最好的方式就是以身作則，自己也要寫。每週找個固定時間和孩子一起寫日記和分享內容，這不但是充滿樂趣的親子活動，而且能跟孩子建立更和諧和親密的關係。

　　當你經常感恩時，就會吸引越來越多值得感恩的好事發生。你想創造幸福生活嗎？那就從寫感恩日記開始吧。祝大家 Happy Writing!

寫感恩日記的入門指南

1. 用簡短但具體的句子描述，如 「我很感謝媽媽在我生病時照顧我，並做美味的雞湯給我吃。」比「我很感謝媽媽。」更能完善表達感激之情。

2. 深入闡述你感激的某個特定的人事物，會比敷衍地羅列表淺清單更好。

3. 專注於你所感激的人，比專注於感激的事物更有影響和意義。

4. 不只感謝正面的事物，你也可以對負面經歷吸取的教訓表達感恩。

5. 用「停、看、走」法則來寫。「停」– 靜下心來好好觀察；「看」– 用五種感知去感受有哪些值得感謝的人事物；「走」– 去實踐，把你想感激的人事物寫下來。

6. 每週最好固定寫 1 至 3 次，通過不斷練習來養成感恩的習慣。

7. 寫感恩日記的目的是激發積極正向思考，感謝的對象或事物最好廣泛多元。

8. 想感恩的事可大可小，如「我參加全國繪畫比賽得到第一名，我很感恩王老師用心的指導。」或芝麻小事，如「今天在學校，紀鎧帶了好吃的巧克力餅乾和我分享，我很感謝有這麼好的朋友。」

9. 畫下「我今天的心情」，將自己開心、高興、普通、難過的感受打勾勾或是圈起來。

開心　高興　普通　難過

如果都不是，畫出自己真正感受的不同表情！

感恩日記
&
感恩實踐活動

把今天 3 件值得感恩的人事物
用文字或圖畫記錄下來!

日期: _____年____月____日

1

2

3

我今天的心情

把今天 3 件值得感恩的人事物
用文字或圖畫記錄下來！

日期：＿＿＿＿年＿＿月＿＿日

1

2

3

我今天的心情

把今天 3 件值得感恩的人事物
用文字或圖畫記錄下來！

日期：＿＿＿＿年＿＿＿月＿＿＿日

1

2

3

我今天的心情

把今天 3 件值得感恩的人事物
用文字或圖畫記錄下來!

日期: _____年_____月_____日

1

2

3

我今天的心情

把今天 3 件值得感恩的人事物
用文字或圖畫記錄下來！

日期： _____年_____月_____日

1

2

3

我今天的心情

把今天 3 件值得感恩的人事物
用文字或圖畫記錄下來！

日期: _____年_____月_____日

1

2

3

我今天的心情

把今天 3 件值得感恩的人事物
用文字或圖畫記錄下來！

日期：＿＿＿＿年＿＿＿月＿＿＿日

1

2

3

我今天的心情

感恩實踐活動 1

你想感謝什麼？當你表達感恩時，畫上一片葉子並在上面寫下你所感謝的人、事或物，讓你的「感恩樹」隨著你的感恩不斷茁壯成長。

把今天 3 件值得感恩的人事物
用文字或圖畫記錄下來！

日期：_____年____月____日

1

2

3

我今天的心情

把今天 3 件值得感恩的人事物
用文字或圖畫記錄下來！

日期：＿＿＿＿＿年＿＿＿月＿＿＿日

1

2

3

我今天的心情

把今天 3 件值得感恩的人事物
用文字或圖畫記錄下來！

日期：_____年_____月_____日

1

2

3

我今天的心情

把今天 3 件值得感恩的人事物
用文字或圖畫記錄下來！

日期：_____年_____月_____日

1

2

3

我今天的心情

把今天 3 件值得感恩的人事物
用文字或圖畫記錄下來!

日期: _____年_____月_____日

1

2

3

我今天的心情

把今天 3 件值得感恩的人事物
用文字或圖畫記錄下來！

日期： _____年____月____日

1

2

3

我今天的心情

把今天 3 件值得感恩的人事物
用文字或圖畫記錄下來！

日期：＿＿＿＿年＿＿＿月＿＿＿日

1

2

3

我今天的心情

感恩實踐活動 2
用文字或圖畫寄感謝信或感謝卡給你想感謝的人，
並拍下你的感謝信和圖畫貼於空白處。

把今天 3 件值得感恩的人事物
用文字或圖畫記錄下來！

日期：_____ 年 _____ 月 _____ 日

1

2

3

我今天的心情

把今天 3 件值得感恩的人事物
用文字或圖畫記錄下來！

日期：＿＿＿年＿＿＿月＿＿＿日

1

2

3

我 今 天 的 心 情

把今天 3 件值得感恩的人事物
用文字或圖畫記錄下來！

日期：＿＿＿＿年＿＿＿月＿＿＿日

1

2

3

我今天的心情

把今天 3 件值得感恩的人事物
用文字或圖畫記錄下來！

日期：＿＿＿＿年＿＿＿月＿＿＿日

1

2

3

我今天的心情

把今天 3 件值得感恩的人事物
用文字或圖畫記錄下來!

日期: _____ 年 _____ 月 _____ 日

1

2

3

我今天的心情

把今天 3 件值得感恩的人事物
用文字或圖畫記錄下來！

日期：_____ 年 _____ 月 _____ 日

1

2

3

我今天的心情

把今天 3 件值得感恩的人事物
用文字或圖畫記錄下來！

日期：＿＿＿＿年＿＿＿月＿＿＿日

1

2

3

我今天的心情

感恩實踐活動 3

用文字描述或畫出經常讓你微笑的 5 件事。

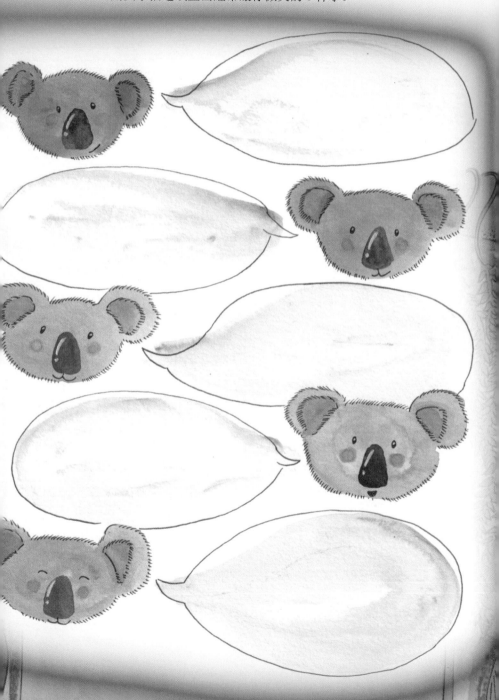

把今天 3 件值得感恩的人事物
用文字或圖畫記錄下來！

日期：_____年____月____日

1

2

3

我今天的心情

把今天 3 件值得感恩的人事物
用文字或圖畫記錄下來！

日期：＿＿＿＿＿年＿＿＿月＿＿＿日

1

2

3

我今天的心情

把今天 3 件值得感恩的人事物
用文字或圖畫記錄下來！

日期：_____年____月____日

1

2

3

我今天的心情

把今天 3 件值得感恩的人事物
用文字或圖畫記錄下來！

日期： _____年_____月_____日

1

2

3

我今天的心情

把今天 3 件值得感恩的人事物
用文字或圖畫記錄下來!

日期: _____年____月____日

1

2

3

我今天的心情

把今天 3 件值得感恩的人事物
用文字或圖畫記錄下來！

日期：＿＿＿＿年＿＿＿月＿＿＿日

1

2

3

我今天的心情

把今天 3 件值得感恩的人事物
用文字或圖畫記錄下來！

日期：＿＿＿＿年＿＿＿月＿＿＿日

1

2

3

我今天的心情

感恩實踐活動 4

寫或畫給某人一張清單，列出他們所做的一切讓你覺得感激的事。

把今天 3 件值得感恩的人事物
用文字或圖畫記錄下來!

日期: ＿＿＿＿年＿＿＿月＿＿＿日

1

2

3

我今天的心情

把今天 3 件值得感恩的人事物
用文字或圖畫記錄下來!

日期: _____年_____月_____日

1

2

3

我今天的心情

把今天 3 件值得感恩的人事物
用文字或圖畫記錄下來！

日期：_____年_____月_____日

1

2

3

我今天的心

把今天 3 件值得感恩的人事物
用文字或圖畫記錄下來！

日期：＿＿＿＿年＿＿＿月＿＿＿日

1

2

3

我今天的心情

把今天 3 件值得感恩的人事物
用文字或圖畫記錄下來!

日期: _____年_____月_____日

1

2

3

我今天的心情

把今天 3 件值得感恩的人事物
用文字或圖畫記錄下來！

日期：_____年_____月_____日

1

2

3

我今天的心情

把今天 3 件值得感恩的人事物
用文字或圖畫記錄下來！

日期：_____年_____月____日

1

2

3

我今天的心情

感恩實踐活動 5

攜帶一本便利貼或便簽簿，隨手寫張感謝短信送給今天幫忙、鼓勵或讚美你的人，並記錄你所感謝的人。

把今天 3 件值得感恩的人事物
用文字或圖畫記錄下來！

日期：＿＿＿＿＿年＿＿＿月＿＿＿日

1

2

3

我今天的心情

把今天 3 件值得感恩的人事物
用文字或圖畫記錄下來！

日期：＿＿＿＿年＿＿＿月＿＿＿日

1

2

3

我今天的心情

把今天 3 件值得感恩的人事物
用文字或圖畫記錄下來！

日期：＿＿＿＿年＿＿月＿＿日

1

2

3

我今天的心情

把今天 3 件值得感恩的人事物
用文字或圖畫記錄下來！

日期：_____年____月____日

1

2

3

我今天的心情

把今天 3 件值得感恩的人事物
用文字或圖畫記錄下來！

日期： _____年____月____日

1

2

3

我今天的心情

把今天 3 件值得感恩的人事物
用文字或圖畫記錄下來！

日期：＿＿＿＿＿年＿＿＿月＿＿＿日

1

2

3

我今天的心情

把今天 3 件值得感恩的人事物
用文字或圖畫記錄下來！

日期：＿＿＿＿年＿＿＿月＿＿＿日

1

2

3

我今天的心情

感恩實踐活動 6

把日記本上附的幸運籤裁下或自製幸運籤。幸運籤的內容可以是風趣的、開心的、預言的、良善的、激勵的或其他正面的訊息。你可以每天給家人、朋友或自己抽籤為他人和自己帶來快樂美好的一天。

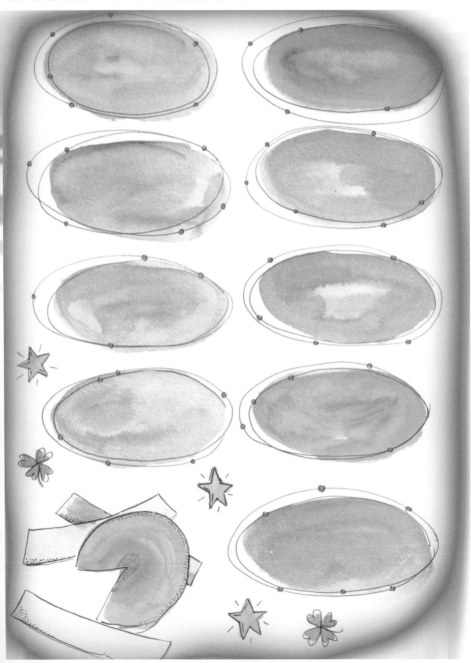

幸運籤

今天你的微笑將能讓人 由悲傷轉變為喜悅	即使別人懷疑你的能力 你仍會達成你想要完成的目標
你過去付出的所有努力 很快將得到回報	你未來將成為 某個專業領域的名人
今天你會想到一個 能幫助你未來成功的好點子	在星光燦爛的夜晚，找到 20 顆星星後 許一個願望，它有可能會實現
你的笑聲非常有感染力 你將會讓一群人跟著你大笑	你不久的將來會收到 一個令你驚喜的禮物
你將成為一位良善又優秀的人	你將會受到幸運之神的眷顧
你的身邊充滿許多愛和友誼	該是嘗試新事物的時候了 你將有意想不到的收穫
你將為別人帶來快樂幸福	你的禮貌和體貼 讓你交到很多好朋友
你的才能將受到 肯定和獲得適當的獎勵	你很快就要達成目標了加油！

(請沿虛線撕剪開)

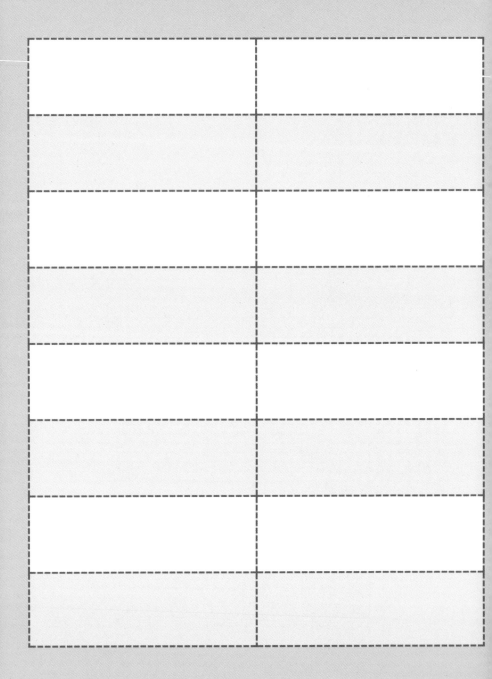

把今天 3 件值得感恩的人事物
用文字或圖畫記錄下來！

日期：_____年____月____日

1

2

3

我今天的心情

把今天 3 件值得感恩的人事物
用文字或圖畫記錄下來！

日期：_____年____月____日

1

2

3

我今天的心情

把今天 3 件值得感恩的人事物
用文字或圖畫記錄下來！

日期: _____年____月____日

1

2

3

我今天的心情

把今天 3 件值得感恩的人事物
用文字或圖畫記錄下來！

日期：_____年____月____日

1

2

3

我今天的心情　

今天的感恩

把今天 3 件值得感恩的人事物
用文字或圖畫記錄下來！

日期：＿＿＿＿年＿＿月＿＿日

1

2

3

我今天的心情

把今天 3 件值得感恩的人事物
用文字或圖畫記錄下來！

日期：_____年____月____日

1

2

3

我今天的心情

把今天 3 件值得感恩的人事物
用文字或圖畫記錄下來！

日期：_____年_____月_____日

1

2

3

我今天的心情

感恩實踐活動 7

自製或購買貼心的小禮物送給曾經幫忙、鼓勵或啟發你的人。
記錄為何你感謝對方。若可以，拍下你們的合照，貼於空白處。

把今天 3 件值得感恩的人事物
用文字或圖畫記錄下來！

日期：_____年____月____日

1

2

3

我今天的心情

把今天 3 件值得感恩的人事物
用文字或圖畫記錄下來！

日期：_____年____月____日

1

2

3

我今天的心情

把今天 3 件值得感恩的人事物
用文字或圖畫記錄下來！

日期：＿＿＿＿年＿＿＿月＿＿＿日

1

2

3

我今天的心情

把今天 3 件值得感恩的人事物
用文字或圖畫記錄下來!

日期: _____年_____月_____日

1

2

3

我今天的心情

把今天 3 件值得感恩的人事物
用文字或圖畫記錄下來！

日期：＿＿＿＿年＿＿＿月＿＿＿日

1

2

3

我今天的心情

把今天 3 件值得感恩的人事物
用文字或圖畫記錄下來!

日期: _____年_____月_____日

1

2

3

我今天的心情

把今天 3 件值得感恩的人事物
用文字或圖畫記錄下來！

日期：_____年_____月_____日

1

2

3

我今天的心情

感恩實踐活動 8

當面告訴你想感謝的人為什麼你很感激他們，並記錄下你所感激的內容。

（如：父母、兄弟姊妹、老師、朋友、公車司機或垃圾清運員等）

把今天 3 件值得感恩的人事物
用文字或圖畫記錄下來！

日期：＿＿＿＿＿年＿＿＿月＿＿＿日

1

2

3

我今天的心情

把今天 3 件值得感恩的人事物
用文字或圖畫記錄下來！

日期： _____ 年 ____ 月 ____ 日

1

2

3

我今天的心情

把今天 3 件值得感恩的人事物
用文字或圖畫記錄下來！

日期：＿＿＿＿年＿＿＿月＿＿＿日

1

2

3

我今天的心情

把今天 3 件值得感恩的人事物
用文字或圖畫記錄下來！

日期：＿＿＿＿年＿＿＿月＿＿＿日

1

2

3

我今天的心情

把今天 3 件值得感恩的人事物
用文字或圖畫記錄下來！

日期：_____年_____月_____日

1

2

3

我今天的心情

把今天 3 件值得感恩的人事物
用文字或圖畫記錄下來!

日期: _____年____月____日

1

2

3

我今天的心情

把今天 3 件值得感恩的人事物
用文字或圖畫記錄下來！

日期：_____年_____月_____日

1

2

3

我今天的心情

感恩實踐活動 9

每天實踐隨機善行並記錄在月曆上。(請參考附錄的隨機善行建議)

把今天 3 件值得感恩的人事物
用文字或圖畫記錄下來！

日期：＿＿＿＿年＿＿＿月＿＿＿日

1

2

3

我今天的心情

把今天 3 件值得感恩的人事物
用文字或圖畫記錄下來！

日期：＿＿＿＿年＿＿＿月＿＿＿日

1

2

3

我今天的心情

把今天 3 件值得感恩的人事物
用文字或圖畫記錄下來！

日期：＿＿＿＿年＿＿＿月＿＿日

1

2

3

我今天的心情

把今天 3 件值得感恩的人事物
用文字或圖畫記錄下來！

日期：＿＿＿年＿＿月＿＿日

1

2

3

我今天的心情

把今天 3 件值得感恩的人事物
用文字或圖畫記錄下來！

日期： _____ 年 ____ 月 ____ 日

1

2

3

我今天的心情

把今天 3 件值得感恩的人事物
用文字或圖畫記錄下來！

日期：＿＿＿＿年＿＿＿月＿＿＿日

1

2

3

我今天的心情

把今天 3 件值得感恩的人事物
用文字或圖畫記錄下來！

日期：＿＿＿＿年＿＿月＿＿日

1

2

3

我今天的心情

感恩實踐活動 10

對著鏡子說或寫在便利貼並貼在冰箱上給自己讚美的一些話

把今天 3 件值得感恩的人事物
用文字或圖畫記錄下來！

日期：＿＿＿＿年＿＿＿月＿＿＿日

1

2

3

我今天的心情

把今天 3 件值得感恩的人事物
用文字或圖畫記錄下來!

日期: ＿＿＿＿年＿＿＿月＿＿＿日

1

2

3

我今天的心情

把今天 3 件值得感恩的人事物
用文字或圖畫記錄下來！

日期：＿＿＿＿年＿＿＿月＿＿＿日

1

2

3

我今天的心情

把今天 3 件值得感恩的人事物
用文字或圖畫記錄下來!

日期: _____年_____月_____日

1

2

3

我今天的心情

把今天 3 件值得感恩的人事物
用文字或圖畫記錄下來！

日期： _____ 年 _____ 月 _____ 日

1

2

3

我今天的心情

把今天 3 件值得感恩的人事物
用文字或圖畫記錄下來!

日期: _____年_____月_____日

1

2

3

我今天的心情

把今天 3 件值得感恩的人事物
用文字或圖畫記錄下來！

日期：_____年__ 月____日

1

2

3

我今天的心情

感恩實踐活動 11

到公園、植物園或自然步道欣賞美景，請你畫圖或寫下你對大自然的感激之情。

把今天 3 件值得感恩的人事物
用文字或圖畫記錄下來！

日期：＿＿＿＿年＿＿＿月＿＿日

1

2

3

我今天的心情

把今天 3 件值得感恩的人事物
用文字或圖畫記錄下來!

日期: _____年____月____日

1

2

3

我今天的心情

把今天 3 件值得感恩的人事物
用文字或圖畫記錄下來！

日期：＿＿＿＿年＿＿＿月＿＿＿日

1

2

3

我今天的心情

把今天 3 件值得感恩的人事物
用文字或圖畫記錄下來!

日期: _____年_____月_____日

1

2

3

我今天的心情

把今天 3 件值得感恩的人事物
用文字或圖畫記錄下來！

日期：_____年_____月_____日

1

2

3

我今天的心情

把今天 3 件值得感恩的人事物
用文字或圖畫記錄下來！

日期：_____年_____月_____日

1

2

3

我今天的心情

把今天 3 件值得感恩的人事物
用文字或圖畫記錄下來!

日期: _____年_____月_____日

1

2

3

我今天的心情

感恩實踐活動 12

觀看一個具啟發性的良善故事的影片，寫下你的觀後感想，並推薦給 3 位好朋友觀賞。

把今天 3 件值得感恩的人事物
用文字或圖畫記錄下來!

日期: _____ 年 _____ 月 _____ 日

1

2

3

我今天的心情

把今天 3 件值得感恩的人事物
用文字或圖畫記錄下來!

日期: _____年_____月_____日

1

2

3

我今天的心情

把今天 3 件值得感恩的人事物
用文字或圖畫記錄下來！

日期：_____年____月____日

1

2

3

我今天的心情

把今天 3 件值得感恩的人事物
用文字或圖畫記錄下來!

日期: ＿＿＿＿＿年＿＿＿月＿＿＿日

1

2

3

我今天的心情

把今天 3 件值得感恩的人事物
用文字或圖畫記錄下來！

日期：＿＿＿＿＿年＿＿＿月＿＿＿日

1

2

3

我今天的心情

把今天 3 件值得感恩的人事物
用文字或圖畫記錄下來！

日期：＿＿＿＿年＿＿月＿＿日

1

2

3

我今天的心情

把今天 3 件值得感恩的人事物
用文字或圖畫記錄下來!

日期: ＿＿＿＿年＿＿＿月＿＿日

1

2

3

我今天的心情

感恩實踐活動 13

製作「感恩石」。（參考附錄）感恩石可用在當你覺得心情低落時提醒自己要感恩、跟感謝卡一起送給想感謝的人，或把它散佈在社區各處，傳播感恩的快樂。寫下你如何使用感恩石，並拍下照片貼在空白處。

把今天 3 件值得感恩的人事物
用文字或圖畫記錄下來！

日期：＿＿＿＿年＿＿＿月＿＿＿日

1

2

3

我今天的心情

把今天 3 件值得感恩的人事物
用文字或圖畫記錄下來！

日期： _____年_____月_____日

1

2

3

我今天的心情

把今天 3 件值得感恩的人事物
用文字或圖畫記錄下來！

日期：_____年_____月_____日

1

2

3

我今天的心情

把今天 3 件值得感恩的人事物
用文字或圖畫記錄下來！

日期：＿＿＿＿年＿＿＿月＿＿＿日

1

2

3

我今天的心情

把今天 3 件值得感恩的人事物
用文字或圖畫記錄下來！

日期：_____年____月____日

1

2

3

我今天的心情

把今天 3 件值得感恩的人事物
用文字或圖畫記錄下來！

日期：_____年_____月_____日

1

2

3

我今天的心情

把今天 3 件值得感恩的人事物
用文字或圖畫記錄下來！

日期：＿＿＿＿＿年＿＿＿月＿＿＿日

1

2

3

我今天的心情

感恩實踐活動 14

畫含三個格子的便當盒，並在格子裡寫或畫下你最近為別人做的三件非常值得
被感謝的事。

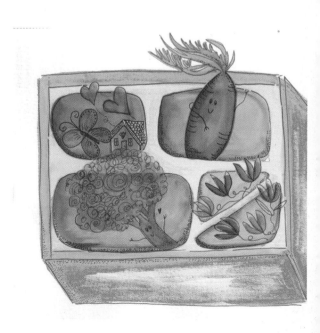

把今天 3 件值得感恩的人事物
用文字或圖畫記錄下來!

日期: _____年_____月_____日

1

2

3

我今天的心情

把今天 3 件值得感恩的人事物
用文字或圖畫記錄下來！

日期：_____年_____月_____日

1

2

3

我 今 天 的 心 情

把今天 3 件值得感恩的人事物
用文字或圖畫記錄下來！

日期： ＿＿＿＿＿年＿＿＿＿月＿＿＿＿日

1

2

3

我今天的心情

把今天 3 件值得感恩的人事物
用文字或圖畫記錄下來！

日期：＿＿＿＿年＿＿月＿＿日

1

2

3

我今天的心情

把今天 3 件值得感恩的人事物
用文字或圖畫記錄下來!

日期: _____年_____月_____日

1

2

3

我今天的心情

把今天 3 件值得感恩的人事物
用文字或圖畫記錄下來！

日期：_____年_____月_____日

1

2

3

我今天的心情

把今天 3 件值得感恩的人事物
用文字或圖畫記錄下來!

日期: _____年_____月_____日

1

2

3

我今天的心情

感恩實踐活動 15

為自己、家人、老師或朋友製作一個感恩罐。（參考附錄）把每次自己經歷或別人為你做的值得感恩的事寫在紙條上，放進感恩罐裡。當你感到沮喪時，可打開罐子讀裡面的內容來激勵自己。或等給別人的感恩罐滿了，把它送給對方。

感恩筆記

感恩筆記

感恩筆記

感恩筆記

感恩筆記

感恩筆記

【附錄 1 】如何製作感恩石

表達感恩能為你和你所感恩的人心中帶來無法言喻的愛、快樂和感動。
這也是為什麼我們用一顆心來裝飾石頭代表感恩之心。

材料：

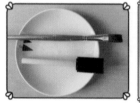

石頭（清洗和晾乾）

白色壓克力顏料

彩色紙

剪刀

顏料盤

亮面剪貼彩繪膠（網上有售）

16 號水彩筆

小型油漆刷子

步驟：

1. 先把石頭漆上白色壓克力顏料，待乾。

2. 把彩色紙剪出一個心形。

3. 將剪下的心形彩色紙放在漆好的石頭表面。用刷子在紙和石頭的表面輕輕刷上一層薄薄的彩繪膠，要確定彩色紙和石頭緊密貼合並靜待乾燥。

4. 石頭乾了後把它翻面，再刷上彩繪膠，等乾燥後即大功告成！

【附錄 2 】 製作感恩罐的步驟

1. 準備一個帶蓋的乾淨玻璃或塑膠材質的罐子。

2. 製作一個「感恩」標籤並註記你的名字,貼在罐子上。

3. 發揮你的創意,可以用貼紙、彩色紙、緞帶或其他工藝品來裝飾你的感恩罐。

4. 製作格式化的便條紙或使用一般相同規格的便條紙也可以,用來寫你的感恩內容。

5. 把對方為你做的令你感激的事寫在便條紙上,然後折起來放進感恩罐裡。當罐子滿了後,就把它送給對方。

【附錄 3】幼兒隨機善行活動

1. 把垃圾分類，愛地球。	☺
2. 存零用錢捐給慈善機構。	☺ ☺ ☺
3. 飯後幫忙收拾碗盤。	☺ ☺
4. 和朋友分享好書。	☺ ☺
5. 進出門，幫後面的人扶著門。	☺
6. 主動收拾玩具。	☺ ☺
7. 和新朋友一起玩。	☺ ☺
8. 別人跌倒了，幫忙扶他們起來。	☺ ☺
9. 上完廁所沖水。	☺
10. 在公共場所保持安靜	☺
11. 主動幫忙收拾自己的衣物 。	☺ ☺
12. 讓座給有需要的人。	☺
13. 在圖書館裡安靜看書。	☺
14. 愛地球，不要撿海灘上的貝殼。	☺
15. 跟別人分享玩具。	☺ ☺
16. 每天至少對三個人微笑。	☺
17. 安慰傷心難過的人。	☺ ☺
18. 安靜聽老師上課，發問前先舉手。	☺
19. 別人幫助你或送你東西時，和對方說：「謝謝。」	☺
20. 跟別人分享你的點心或零食。	☺ ☺
21. 做錯事要對人說：「對不起。」	☺
22. 寫卡片、送花或自己做禮物送給你感謝的人。	☺ ☺ ☺
23. 畫卡片慰問生病的親人或朋友。	☺ ☺
24. 打電話問候爺爺奶奶。	☺
25. 愛護和照顧寵物。	☺

26. 把舊玩具捐給育幼院或兒童醫院	😊😊
27. 和其他小朋友輪流玩遊樂設施。	😊😊
28. 每天跟別人打招呼（早安）或問候（您好）。	😊
29. 幫植物澆水	😊
30. 每天給家人擁抱並說「我愛你！」	😊😊
31. 吃東西不發出聲音。	😊
32. 和人見面交談時，不是用手機。	😊😊
33. 到海灘、公園或遊樂場撿垃圾。	😊😊😊
34. 每天至少給三個人讚美。	😊😊
35. 上公車跟司機問好，下車跟司機說謝謝。	😊😊
36. 為參加任何比賽的朋友加油。	😊😊
37. 跟弟弟或妹妹一起玩。	😊😊
38. 把垃圾丟進垃圾桶。	😊
39. 每天給老師一個愛的抱抱。	😊
40. 幫忙烤餅乾或蛋糕，慰勞社區的警察或消防人員。	😊😊😊
41. 看完書，把書放回書架上。	😊
42. 每天給同學、朋友或兄弟姊妹一個擁抱。	😊
43. 要別人幫忙時說「請」或「拜託」。	😊
44. 唱歌給鄰居的爺爺很奶奶聽。	😊😊
45. 每天讀一本良善相關的故事書。	😊😊😊
46. 和朋友分享良善的故事。	😊😊
47. 在特別的節日製作卡片或小禮物，送給療養院的爺爺和奶奶。	😊😊
48. 製作一張書籤並塞在圖書館借的書裡。	😊😊
49. 畫圖或卡片祝別人生日快樂。	😊😊
50. 幫寵物盛水或在碗裡放糧食。	😊😊

【附錄 4】兒童隨機善行活動

1. 主動幫忙大人提手上的雜貨。	☺
2. 存零用錢捐給需要幫助的人。	☺ ☺ ☺ ☺
3. 起床後，把床鋪整齊，棉被摺好。	☺
4. 在店裡試穿完衣服，把衣服折好或掛回衣架。	☺ ☺ ☺
5. 進出門，幫後面的人扶著門。	☺
6. 到動物收容所認養寵物。	☺ ☺ ☺ ☺
7. 雨天讓別人共用你的雨傘。	☺ ☺
8. 協助行動不便的老人過馬路。	☺ ☺
9. 隨手關燈和水龍頭。	☺
10. 若有特殊才藝，到養老院為老人表演才藝。	☺ ☺ ☺ ☺
11. 每天給家人一個擁抱，並說：「我愛你！」	☺ ☺
12. 拔掉不用的插頭，節約能源。	☺
13. 在圖書館裡安靜看書；並把看過的書籍放回原位。	☺
14. 不撿拾海灘上的貝殼。	☺
15. 使用環保材質的用品。	☺ ☺
16. 縮短淋浴的時間，節約用水。	☺ ☺
17. 減少垃圾並做好垃圾分類。	☺ ☺ ☺
18. 在捷運上，不要攀爬跑跳，讓車廂裡的人感到舒適。	☺
19. 寫一張感謝卡或信函，寄給你想感謝的人。	
20. 朋友向你傾訴時，當個好聽眾。	☺ ☺
21. 在公共場所不大聲喧鬧或干擾他人。	☺
22. 為班上生病的同學製作「早日康復」卡片，並讓全班同學簽名。	☺ ☺ ☺
23. 送給朋友你認為他們會喜歡的禮物。	☺ ☺ ☺
24. 打電話問候爺爺奶奶和外公外婆。	☺
25. 朋友心情不好時，試著說笑話讓他們開心起來。	☺ ☺

26. 在餐廳，把手機關機；專心和家人或朋友聊天及吃飯。	😊 😊
27. 守時，是對別人的基本尊重和禮貌。	😊 😊
28. 在餐廳，安靜坐好吃飯，並把掉落的飯菜屑清理乾淨。	😊 😊
29. 在大眾運輸工具上，戴上耳機聽音樂。	😊
30. 主動幫忙做家事。	😊 😊 😊
31. 吃東西不發出聲音。	😊
32. 整理舊的書籍或玩具，捐給育幼院或兒童醫院。	😊 😊 😊 😊
33. 朋友的生日會結束後，幫忙收拾善後。	😊 😊
34. 寫一封感謝信寄給現在或以前的老師。	😊 😊 😊
35. 攜帶環保袋去商店購物。	😊 😊
36. 若果有人覺得冷，把你的外套、圍巾或手套借給他們	😊 😊
37. 父母忙碌時，幫忙照顧弟妹。	😊 😊
38. 隨手把地上的垃圾撿起來。	😊
39. 主動幫忙洗碗和倒垃圾。	😊 😊
40. 和同學分享你的零食或午餐。	😊 😊
41. 自製謝卡或手工藝品送老師。	😊 😊 😊
42. 帶新同學認識學校環境。	😊 😊 😊
43. 把筆記借給因故缺席的同學。	😊 😊 😊
44. 主動幫忙大人準備晚餐。	😊 😊 😊
45. 主動幫忙老師整理教室。	😊 😊 😊
46. 介紹你的朋友給新來的同學。	😊 😊
47. 為下一個使用的人保持馬桶和馬桶座的清潔。	😊 😊
48. 對老師和同學有禮貌。	😊 😊 😊
49. 打電話或寫卡片祝福朋友生日快樂。	😊
50. 給學校的樹或植物澆水。	😊 😊

感恩塗鴉

感恩塗鴉

感恩塗鴉

感恩塗鴉

國家圖書館出版品預行編目（CIP）資料

給孩子的感恩日記 / 林凡維 Jessie Lin Brown
作；林詠歡 Calin Joy Brown 插圖. -- 初版. --
臺北市：智庫雲端有限公司, 民 111.01
　面；公分
ISBN 978-986-06584-4-6(平裝)

1.CST:修身 2.CST:兒童 3.CST:親職教育

192.11　　　　　　　　　　　　110022333

給孩子的感恩日記

作　　　者	林凡維 Jessie Lin Brown	
插　　　圖	林詠歡 Calin Joy Brown	
出　　　版	智庫雲端有限公司	
發 行 人	范世華	
美編設計	劉瓊蔓	
地　　　址	台北市中山區長安東路 2 段 67 號 4 樓	
統一編號	53348851	
電　　　話	02-25073316	
傳　　　真	02-25073736	
E - m a i l	tttk591@gmail.com	

總 經 銷　采舍國際有限公司
地　　　址　新北市中和區中山路二段 366 巷 10 號 3 樓
電　　　話　02-82458786 (代表號)
傳　　　真　02-82458718
網　　　址　http://www.silkbook.com

版　　　次　2022 年（民 111 年）2 月 02 日初版一刷
定　　　價　300 元
I S B N　978-986-06584-4-6